LE PROVERBE IMPREVU, OU LE SOUPER GASCON.

Comédie en un Acte & en Vers.

RISUS & MORES.

A AMSTERDAM.

M. DCC. LXX.

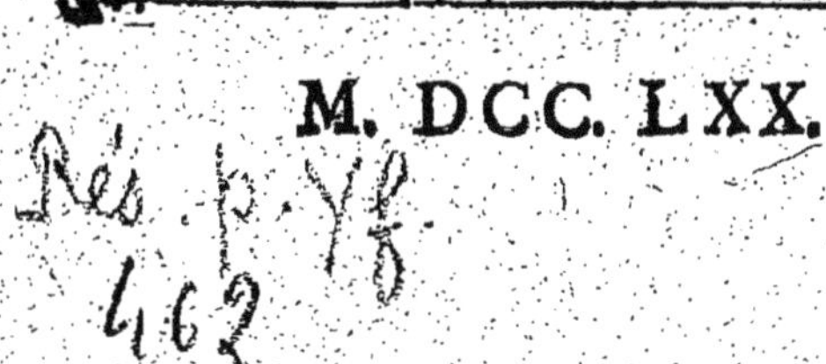

ACTEURS.

M. ORONTE, *D'un caractere impoli & brutal.*

Mad. ORONTE, *D'un caractere tout opposé.*

Un ABBÉ, *Auteur.*

M. de la GARONNE, *Gascon. Il doit être tout le long de la piéce sans chapeau,*

CRISPIN, *Valet de M. Oronte.*

Un LAQUAIS, *Personnage muet.*

La Scene est à Paris dans l'appartement de M. Oronte.

LE PROVERBE *IMPRÉVU*, OU LE SOUPER GASCON.

Comédie en un Acte & en vers.

SCENE PREMIERE.

M. ORONTE, CRISPIN.

M. ORONTE.

Se moque-t-on de moi ? Quel train fait-on ici ?
On prendroit ma maison pour un hôtel garni ;
J'y trouve en y rentrant vingt coquins d'anti-
chambre....,

CRISPIN.

Ce sont de mes amis.

M. ORONTE.

Je suis empesté d'ambre
Par autant de Marquis....

CRISPIN.

A Madame ceux-là.

M. ORONTE.

On diroit que chez moi la Cour est en gala;
Trente femmes au moins....

CRISPIN.

Ah! qu'elles sont jolies!
C'est un Abbé, Monsieur, qui vous les a choisies.

M. ORONTE.

Le beau choix qu'il a fait! & soixante couverts
Dressés pour un repas à traiter l'Univers....

CRISPIN.

Je jure, sans avoir trop de délicatesse,
Qu'on en traiteroit pas vingt gens de mon espece,

M. ORONTE.

Te tairas tu maraut?

CRISPIN.

Je me tais à présent.

M. ORONTE.

Ce sera fort bien fait. On diroit en entrant
Que ce jour, à coup sûr, est quelque jour de noces,
En voyant à ma porte au moins trente carosses;
Et j'ay trouvé chez moi ce gascon à maintien....

CRISPIN, (*Voyant que M. Oronte frappe du pied de ce qu'il l'interrompt*)

A pied il est venu.... Je ne dirai plus rien.

M. ORONTE.

Qui semble desirer avec impatience
Que l'heure du souper arrive en diligence;
Mais ils se trompent tous, & je jure ma foi,
Qu'ils feront, pallambleu! maigre chere chez moi;
Car je vais de ce pas passer à la cuisine

Pour contre-mander tout, & défendre à Zerbine,
Sous peine de congé, de faire aucuns apprès
Sans avoir de ma bouche un ordre tout exprès.
Je voudrois bien savoir quelle est cette insolence
D'inviter à souper quelqu'un en mon absence !
Me prend-on pour un sot ? Et ne saurois-je pas,
Si c'étoit mon plaisir, ordonner un repas ?
Dis moi, quelle raison ici tous les convie ?
Parleras tu, maraut ? mort, non-pas de ma vie,
Pour t'arracher les mots, je m'en vais t'étrangler.

CRISPIN.

Le beau secret, ma foi, pour me faire parler !
Eh bien ! Monsieur, eh bien ! puisqu'il faut vous
le dire,
C'est un proverbe enfin qui chez vous les attire ;
Et quant à ce gascon à maintien emprunté,
Il est venu chez vous sans qu'il fût invité ;
A Madame il a fait une très vive instance
Pour qu'elle voulût bien y souffrir sa présence,
Se disant amateur des ouvrages d'esprit.
Madame à ce gascon a promis son crédit,
L'assurant qu'il pouvoit voir ce nouveau proverbe,
Et de plus assister à ce repas superbe.
Je vous avoue aussi que l'on ne pensoit pas
Que si-tôt près de nous vous tourneriez vos pas ;
Qu'au contraire on croyoit, vous voyant dispa-
roître,
Que vous seriez un mois dans ce séjour cham-
pêtre ;
Mais au bout de huit jours, vous venez prompte-
ment ?

Cepandant .... la... campagne ... eſt un... ſé-
jour charmant : ...
L'air que .... l'on y .... reſpire .... & l'ombre ...
du feuillage, ...
Des tendres .... roſſignols .... le .... doucereux
ramage ....
Le .... bon vin qu'on ... y boit. ...

M. ORONTE.

Laiſſe là ton roman
Et fais venir ici ma femme promptement.

CRISPIN.

Monſieur ne veut donc pas, qu'avant, je m'étudie
A lui tracer des champs la fidelle copie ?

M. ORONTE.

Fais ce que je t'ordonne, & que ma femme enfin
Se rende inceſſament, ou je ferai beau train.

CRISPIN.

J'y vole de ce pas.

M. ORONTE, (*Après avoir rêvé.*)

Reſte : chez mon Notaire
Je veux aller avant terminer une affaire.

SCENE II.

CRISPIN, DE LA GARONNE,
(qui entre en rêvant.)

CRISPIN.

(A part.)

CE proverbe le rend de fort mauvaise humeur !
.... Mais voici le gascon qui me paroit rêveur ;
De cet original il faut que je m'amuse.
(A Monsieur de la Garonne.)
Si j'interromps Monsieur, je lui demande excuse:
Puis-je apprendre d'ou vient il rêve en ce moment,
Et savoir ce qu'il cherche en cet appartement ?

DE LA GARONNE.

Ma foi, je n'en sais rien, j'ai quelqu'inquiétude
Et cherchois à présent un peu de solitude.

CRISPIN.

En ce cas je m'en vais vous laisser seul ici.

DE LA GARONNE.

Non tu peux demeurer, j'aurai moins de souci :
Un témoin quelquefois fait oublier nos peines.

CRISPIN.

L'amour, le tendre amour vous retient dans ses chaînes ;
Et de votre chagrin, c'est l'unique raison ?

DE LA GARONNE.

Sandis, mon cher ami, je sors d'une maison;
Dieu mé damne à l'instant si j'en ai vu pareille !

Mais si l'on m'y révoit; qu'on mé coupe une oreille !
Je sors d'y terminer un malheureux piquet
Avec un Chevalier qu'on nomme dé Criquet
Dont je viens d'essuyer une sensible injure
Qui mé fera bientôt hâter sa sépulture.

CRISPIN.

A moins d'un dementi donné par insolence,
Vous ne pouvez plus loin porter votre vengeance?

DE LA GARONNE, (*en s'emportant.*)

Mais s'il m'avoit osé donner un démenti,
Je l'aurois embroché comme on fait d'un roti.

CRISPIN.

Qu'est-ce donc? des propos que souvent dans l'yvresse
Fait lâcher aux joueurs la fortune traitresse?

DE LA GARONNE.

Si j'en eusse essuyé d'un pareil fanfaron,
Il vogueroit déja dans la barque à Caron.

CRISPIN.

Ah! je crois à présent ne pouvoir me méprendre;
C'est de l'argent prêté qu'il n'a pas pu vous rendre?

DE LA GARONNE.

Il m'a très bien payé tout celui qu'il m'a du,
Et seroit sans cela depuis long temps tondu.

CRISPIN.

Il a donc sûrément, par quelque tour d'adresse,
Sans vous en dire un mot, soufé votre maîtresse?

DE LA GARONNE.

Lui! souffler ma maîtresse! Et non, sandis, & non:
C'est moins que tout cela; c'est des coups de bâton....

CRISPIN.

Qu'il a reçus de vous ?

DE LA GARONNE.

Non lé diable m'emporte.
C'eſt lui qui m'en donnoit. La fureur me tranſporte;
Oui, je ſuis à préſent tellement en courroux
Que je voudrois l'avoir tout maſſacré de coups.

CRISPIN.

Voila comme ſouvent la valeur nous expoſe!
Mais pourqnoi vous piquer pour auſſi peu de choſe ?

DE LA GARONNE.

C'eſt qué dans ma famille on eſt fort ſur l'honneur :
Et j'en ſerois exclus ſi je manquois de cœur.
Je veux te raconter ici mon avanture,
Tu verras comme à tort il m'a fait cette injure :
C'étoit donc au piquet qu'avec lui je jouois :
La main étant à lui, c'étoit moi qui donnois.
Je mêle, & puis je donne, & de ſuite j'écarte
Un valet que je crus ma plus mauvaiſe carte.
Mon écart fait, je prends trois cartes au talon
Qui mé prouvent d'abord avec juſte raiſon
Qu'en jétant ce valet, j'ai fait une ſottiſe
Qui ne peut s'effacer qu'en jouant dé ſurpriſe,
Car ſi j'euſſe eu mon jeu, j'aurois eu pour ma part
Par ce valet maudit que j'avois à l'écart,
Quatorze de valets, quinte majeure en pique
Et le point, qui faiſoient mon Chevalier repique.
Je reprends, pour avoir toute cette valeur
Mon valet à l'écart en y gliſſant un cœur....

CRISPIN.

Non pas pour le tromper ?

DE LA GARONNE.

Jé n'eus pas cette envie,
Et n'ai jamais trompé personne dé ma vie.

CRISPIN.

Pour avoir plus beau jeu ?

DE LA GARONNE.

Vous avez deviné,
Mais en changeant ainsi, je n'ay qu'un pied de né.
Mon homme s'apperçoit de ce tour d'industrie
Et sans m'en avertir, sé leve avec furie,
Disant qué jé né suis qu'un bélitre, un fripon,
Prend l'argent, & mé donne onze coups de bâton.

CRISPIN.

Vous les comptiez donc bien ?

DE LA GARONNE.

Sandis jé vous lé jure !
Afin de lui pouvoir payer avec usure
Par onze coups d'épée un affront si sanglant.

CRISPIN.

Ce que vous avez fait, je suis sûr, à l'instant ?

DE LA GARONNE.

Oui bien, si ses amis témoins de cette scene
De m'eloigner de lui n'eussent pas pris la peine.

CRISPIN.

Comment ont-ils donc fait ?

DE LA GARONNE.

Mé voyant tant dé cœur,
Ils ont craint les effets de ma juste valeur,
Et pour mieux éviter l'excès de mon courage,
Ils m'ont donc fait passer. . . .

CRISPIN.

Par la porte je gage ?

DE LA GARONNE.

Point du tout : dans ma rage on m'eut donné le temps,
En m'y faisant passer, d'enfiler tous ces gens ;
Et pour me faire enfin plus vîte disparoître,
On m'a fait prudemment passer par la fenêtre.

CRISPIN.

Etoit-ce de bien haut ?

DE LA GARONNE.

Non : c'étoit du premier.

CRISPIN.

On est plutôt en bas qu'en suivant l'escalier.

DE LA GARONNE.

Aussi je me souviens quoiqué fort en déroute
Que je n'ai pas resté deux sécondés en route.

CRISPIN.

Quoique court en effet, on doit être enchanté
De faire un tel voyage en parfaite santé.
Je conviens bien qu'en route on fait peu de naufrage ;
Mais il est dangereux d'en faire à l'abordage.
N'allez donc plus ainsi ; malgré votre heureux sort,
Vous peririez un jour en arrivant au port.
Quoique vous soyez né de très heureuse race,
J'eusse aimé beaucoup mieux, Monsieur, à votre place
Que l'on m'eut envoyé voguer cinq ans sur mer,
Que voyager ainsi deux minutes en l'air ;
Car si jamais auteur dans une Comédie
Vouloit y faire entrer cette plaisanterie ;

Il ne pourroit prouver, que dans cet embarras,
Vous ayez fait ce ſaut ſans vous caſſer un bras.

DE LA GARONNE.

En racontant, mon cher, au juſte cette affaire,
La choſe paroitroit, on né peut pas plus claire.
On déchargeoit du foin devant cette maiſon....

CRISPIN.

Je cromprends : par bonheur il étoit à foiſon.
Si vous euſſiez pourtant fait ce ſaut d'un ſixieme....

DE LA GARONNE.

Jé né l'aurois pas fait ſeulement du deuxieme !
Car avant de ſauter, tous les gens du logis
M'ont demandé d'abord, ſi c'étoit mon avis.

CRISPIN.

Voila, ma foi, des gens remplis de politeſſe !

DE LA GARONNE.

Parbleu, jé lé crois bien : adieu donc jé té laiſſe,
Jé rentre pour ſavoir ſi l'on va maintenant
Nous donner ce proverbe, & ce repas charmant.

SCENE III.

CRISPIN, M. ORONTE.

CRISPIN.

VOILA, je vous l'avoue, un plaiſant perſonnage,
Qui, diable, a pu céans conduire ce viſage,
Il amuſera bien mon bourru que voici. (*voyant venir M. Oronte.*)

M. ORONTE

Que ma femme à l'inſtant vienne ſe rendre ici!

CRISPIN.

J'y vais dans la minute.

SCENE IV.

M, ORONTE.

OUI, Ventrebleu, j'enrage
De ce qu'en mon abſence on fait un tel ménage.
Ils ont bien pris leur temps : je ne ſais ou j'en ſuis
De voir dans ma maiſon Abbés, gaſcons, Marquis,
Tant de femmes enfin que la mienne comtemple
Et dont elle retire un très mauvais exemple.

SCENE V.

M. ORONTE, Mad. ORONTE.

Mad. ORONTE.

JE ſens un vrai plaiſir à vous voir en ce jour ;
Mais il eſt bien fâcheux qu'un auſſi prompt retour
Au lieu de réjouir, ſéme par tout l'allarme.
Qui vous oblige à faire un ſemblable vacarme ?

M. ORONTE.

Votre conduite enfin dont je ſuis déjà las.
Qui vous fait raſſembler chez moi tout ce fracas ?

Mad. ORONTE.

De ceux qui sont ici menagés la présence,
Et parlez en, Monsieur, avec plus de décence;
Ils méritent au moins d'être plus respectés
Soit par leurs noms, leurs rangs, soit par leurs qualités;
Monsieur, à ma priere ils sont venus s'y rendre,
Et je n'aurois pas crû que j'eusse dû m'attendre
A souffrir à la fois tant de mauvais propos
Qui vous feroient rougir si je disois deux mots.

M. ORONTE.

Parlez, parlez Madame; & que pourriés vous dire
Qui pût justifier cet étrange délire
D'assembler tous ces gens lorsque je n'y suis pas,
Et de tant dépenser en somptueux repas?

Mad. ORONTE.

Que cette humeur farouche & même incompatible,
A l'univers entier vous rend innaccessible;
Que si je veux jouir de la société,
Il faut, pour me donner ce plaisir souhaité,
Attendre avec ardeur qu'une importante affaire
Rende votre présence autre part nécessaire;
Que quant-à-ce souper qu'on fait à la maison,
Si je l'ay commandé, ce n'est pas sans raison.
Ces proverbes usés, à présent à la mode,
M'ont fait imaginer que ce logis commode
Par sa vaste étendue, étoit propre vraiment
Pour éprouver l'effet d'un tel amusement.
J'ai donc pour cet objet rassemblé bien du monde;
Mais l'auteur m'en a fait une instance profonde.
S'il n'est un peu rempli, le spectacle est très froid;

La piéce touche peu, même au plus bel endroit;
Aussi quand on en sort, très souvent j'entends dire:
Thalie a fait pitié, Melpoméne a fait rire.
C'est que la scene étoit presque sans auditeur,
Et que ce vuide enfin décourageoit l'acteur.
La piéce la meilleure est ainsi sans suffrage;
Ce n'est pas qu'a ce rang je mette cet ouvrage:
Aussi j'ai crû qu'il faut, s'il ne satisfait pas,
Tout au moins s'en venger sur quelque bon repas.

M. ORONTE

Ce proverbe qui fait qu'ici l'on se rassemble
Pourra fort bien ailleurs se jouer, ce me semble;
Et l'on s'y moquera de l'auteur indiscret
Qui se croit déja sûr d'un suffrage complet.

Mad. ORONTE.

L'auteur, de nos amis, en prenant quelque peine,
A voulu simplement essayer sur la scene
Ce genre de plaisir à la mode aujourd'hui
Dont les sociétés sont le plus ferme appui,
Et n'a pas prétendu nous donner son ouvrage
Comme un nouveau chef-d'œuvre à l'abri de l'orage;
Il est tout consolé, si, contre tous mes vœux,
Son proverbe éprouvoit un succès malheureux.

M. ORONTE.

Dût elle être sifflée ou bien être applaudie,
Il faudra se passer de cette comédie;
Ainsi ne comptés pas de la jouer céans.
Bel exemple à donner, Madame, à vos enfants!
Je suis fort étonné d'aussi peu de sagesse.

Mad. ORONTE.

Monſieur, vous avez tort : ſi lorſque la jeuneſſe
A l'utile a donné les trois quarts de ſon temps,
Elle employoit le reſte à ces jeux innocens ;
Auroit-elle celui de s'ouvrir une voie
Aux excès dont elle eſt auſſi ſouvent la proie ?
Il eſt à deſirer que ce nouveau plaiſir
A la débauche, au jeu, puiſſe enfin la ravir.

M. ORONTE.

Je n'ai point ces défauts. Ai-je été, je vous prie,
Jouer ni voir jouer jamais la comédie ?

Mad. ORONTE.

Il eſt vrai ; mais auſſi vous en avez certain
Qui vous fait éviter de tout le genre humain.
Celui d'être impoli, brutal, accariâtre,
Contrediſant ſurtout, toujours opiniâtre,
Peut-être en votre cœur n'eut jamais pénétré
Si le tableau des mœurs l'eut ſouvent épuré.
La bonne comédie eût été néceſſaire
Pour adoucir l'aigreur de votre caractere.

SCENE VI.

UN ABBÉ, *& les acteurs précédents.*

L'ABBÉ, (*tenant ſa piéce à la main.*)

MADAME, tout eſt prêt, l'on attend plus que vous.

Mad. ORONTE.

Venez m'aider, Monſieur, à fléchir mon époux
Qui ne veut pas qu'ici votre piéce ſe joue.

L'ABBÉ.

Comment! lorsque chacun de ce projet me
loue....

M. ORONTE.

Le projet de tirer peut-être à tout hasard,
Comme font tant d'auteurs, sur le tiers & le quart.

L'ABBÉ.

Je méprise un auteur en noirceurs si fertile
Qui contre les humains veut exhaler sa bile;
Aussi dans mes écrits on ne verra jamais
Que je m'amuse à faire aucuns méchans portraits.
Si quelque soupçonneux croyoit s'y reconnoître,
Ce seroit sans raison qu'il m'en voudroit, peut-être;
Puisque je n'eus jamais la moindre intention
De faire sur autrui quelque application.
Cette méchanceté de mon cœur est bannie,
Et la nouveauté seule enhardit mon génie.

M. ORONTE.

On peut jouer ailleurs ce proverbe parfait;
Quant à moi le nouveau m'offusque & me déplait:
Je ne l'aime pas plus, & c'est là ma méthode,
En ouvrages d'esprit, qu'en ouvrages de mode.

L'ABBÉ.

S'il n'existoit pourtant jamais de nouveauté,
De tout ce qu'on auroit on seroit dégoûté;
La nouveauté par-tout, en tout genre est cherie,
Elle flate le goût, réveille l'industrie,
Entretient le commerce, & fait fleurir les arts.
Chacun au-devant d'elle accourt de toutes parts.
Des peuples dont ce monde est le vaste théatre,
Le François est celui qui le plus l'idolâtre;

On le voit à son joug le premier s'asservir,
Et d'être son esclave il goûte un vrai plaisir.
Vous n'êtes pas François en parlant de la sorte.

M. ORONTE.

Monsieur, gardés pour vous ce goût qui vous transporte !
Sans nous baliverner d'un tel raisonnement,
Je ne veux point ici de cet amusement.

L'ABBÉ.

Si Madame vous prie enfin de cette grace ?...

M. ORONTE.

Que m'importe! il faudra que Madame s'en passe.

L'ABBÉ.

Je crois pour votre honneur, sans vouloir vous flatter,
Qu'en me parlant ainsi vous voulez plaisanter ?
Quand vous ne seriez pas engagés l'un à l'autre,
Sa volonté devroit toujours être la votre ;
Vous êtes son époux ; c'est un titre de plus
Pour ne lui jamais faire essuyer de refus :
D'ailleurs on doit au Sexe assez de déférence
Pour lui tout accorder à la premiere instance.
Mettons donc notre gloire insi que nos plaisirs
A remplir à son gré ses uniques desirs ;
Car ce sexe enchanteur auroit trop à se plaindre,
Si sans cesse à nos goûts nous voulions le contraindre.
Il adoucit nos maux ; embelissons ses jours
En cherchant les moyens de lui plaire toujours.
Voila les sentimens que renferme mon ame !
J'ose dire encor plus, le desir d'une femme
Pour tout homme bien né, quoiqu'il ait résolu,

Doit-être un ordre enfin, mais un ordre... absolu
Auquel il faut, Monsieur, très promptement souscrire.

M. ORONTE.

Un semblable discours me fait mourir de rire....
Mais d'ou venez vous donc, mon cher Monsieur l'Abbé,
Que vous n'en savez pas plus long que votre né?...

SCENE VII.

DE LA GARONNE, *& les Acteurs précedents.*

DE LA GARONNE.

SANDIS ! Monsieur l'Abbé, vous vous faites attendre?
Lors qu'auprès de Madame, on vous presse à vous rendre
Pour l'engager à voir le proverbe nouveau;
Vous vous acquités bien d'un message aussi beau?
On né vous fera pas Ambassadeur, j'espere;
Vous n'êtes donc pas fils dé Monsieur votre pere?
Il étoit si bouillant.

L'ABBE'.

Un fâcheux contre-temps
Met le plus grand obstacle à nos amusemens
Monsieur défend qu'on joue ici la comédie

DE LA GARONNE.

Quel est donc cé Monsieur, dites moi, je vous prie!

L' ABBE'.

Le mari de Madame & qui depuis huit jours
Etoit à la campagne.

DE LA GARONNE.

Y restât-il toujours !
Et quel mauvais génie a pu lui mettre en tête
Dé sé mettre en chemin pour troubler cette fête?
Il avoit très grand tort dé revenir si-tôt.

M. ORONTE.

Taisés-vous s'il vous plait ; car vous n'êtes
qu'un sot.

DE LA GARONNE.

J'en conviens : on a fait pourtant dé la dépense
(*En montrant l'Abbé*) (*En montrant Mad. Oronte*)
Ce Monsieur en esprit, elle en magnificence ;
Ainsi laissez jouer....

M. ORONTE.

C'est, à m'expliquer bien,
Tout ce que je pourrois s'il ne m'en coutoit rien.

Mad. ORONTE.

Peut-on parler ainsi ? ô Ciel ! quelle ame basse !

L' ABBE'.

Si Monsieur veut qu'enfin du souper l'on se passe :
Mais rien n'est plus aisé, soit, on s'en passera ;
Et du proverbe seul on se contentera.

DE LA GARONNE.

Attendez un moment ; ceci change l'affaire ;
Je suis avec raison d'un avis tout contraire,
J'aime fort un proverbe & pense cependant
Qu'il vaut mieux s'en passer, que d'un souper
friand.

M. ORONTE.

Comme jé né veux pas manger mon bien en herbe,
Ni donner de ſouper, ni jouer de proverbe,
Je penſe qu'il faudra vous paſſer de tous deux.

DE LA GARONNE.

Écoutés à préſent jé penſe beaucoup mieux...

M. ORONTE.

Vous penſez en gaſcon.

DE LA GARONNE.

C'eſt un honneur indigne
Dont jé penſe, Monſieur, que vous êtes très digne.

M. ORONTE.

Bel honneur, ſelon vous! mais on dit cependant
Qu'un gaſcon n'eſt, ma foi, qu'un mauvais garnemant

Mad. ORONTE, (*à ſon mari.*)

Mais c'eſt uſer, Monſieur, de bien peu de prudence,
Que de choquer ainſi les gens en leur préſence.

DE LA GARONNE.

Jé prends cé qu'il mé dit toujours en plaiſantant,
Et ne me pique pas auſſi légérement.

M. ORONTE.

Oui! quelqu'autre ſujet au logis vous attire:
Je ne ſuis pas un ſot. Ce proverbe, à bien dire,
Pour vous faire venir n'eſt pas le ſeul appas.

DE LA GARONNE.

Mais je les aime preſque autant qu'un bon repas;
A lé bien deviner, c'eſt où mon eſprit brille,
Je ne tiendrois donc pas du tout de ma famille!
Je ſuis un deſcendant de feu Sancho Pança

Qui gouvernoit, dit-on, en Baratavia.

M. ORONTE.

Eh bien! le fussiez-vous de défunt Donquichote,
Vous ne me feriez pas, Monsieur, changer de note;
Et je vais empêcher ce train dans ma maison.

(Il sort.)

Mad. ORONTE, *(le suivant)*

Moi, je vais mettre obstacle à tout ce carillon.

SCENE VIII.

L'ABBE', DE LA GARONNE.

L'ABBE' *(d'un ton railleur,)*

MONSIEUR de la Garonne, il est aisé de croire
Que vous ne pourrés pas ici manger ni boire.
Je suis vraiment faché de ce petit malheur,
Mais.... c'est plus d'une fois que vous soupez par cœur?

DE LA GARONNE.

Pour gagner mon diner, jé né crois pas qu'on craigne
Qué jé fasse jamais des écrits qu'on dédaigne;
Cependant de manger jé né mé passe pas
Et né manque jamais un seul de mes repas.

L'ABBE', *(sur le même ton.)*

Vous auriez fait, je crois bonne figure à table!

DE LA GARONNE.

Une indigestion en cé moment m'accable;

L'ABBE', (*sur le même ton.*)

C'est donc pourquoi j'avois prié pour ce festin
De l'ordre de Madame un savant Médecin ?

DE LA GARONNE.

Tant pis ! dés Médecins j'évite la présence....

L'ABBE'.

Mais.... je n'ai pas pour eux la même repugnance,

DE LA GARONNE.

Je conviens qu'en effet vous devez les chérir
Parce qu'ils vous font vivre, en nous faisant mourir.

SCENE IX.

CRISPIN, *& les Acteurs précedents.*

DE LA GARONNE.

AH ! te voilà Crispin ! eh bien ! qu'elle nouvelle ?
Pourrons nous assister à cette bagatelle ?

L'ABBE'.

Bagatelle, Monsieur ! ayez moins de mépris
D'un proverbe qui va faire courir Paris

DE LA GARONNE, (*a part.*)

Pour l'éviter sans doute ?

CRISPIN.

Ils font le diable à quatre,
Et Monsieur à son tour ne fait que se débatre ;
Déja sur le souper il n'entend plus raison,
Ni ne veut du proverbe enfin dans sa maison

DE LA GARONNE, *(à part.... Crispin entend.)*
J'étois sans son retour en pays de cocagne.

CRISPIN.

Je n'en suis pas la dupe & d'un vin de champagne
J'ai six fois arrosé deux tranches d'un jambon
Que la faim sur ma foi m'a fait trouver fort bon.

DE LA GARONNE.

(à Crispin)
C'est très bien sé venger en pareille occurence.
(à part)
Il faut que j'aille aussi méditer ma vengeance,
Car tout consideré jé voïs qu'il n'est pas bien
D'inviter un gascon pour qu'il ne mange rien.

SCENE X.

L'ABBE', CRISPIN.

L'ABBE'.

TU crois absolument que ton bourru de maître
Ne veut pas que ma muse ici puisse paroitre?
N'est-il aucun espoir ? parle, mon cher Crispin.

CRISPIN.

Oh! sur votre proverbe, il est pis qu'un lutin;
Il auroit sûrement mieux consenti, je pense,
Qu'on donnât le souper, sans l'extrême dépense
Qu'il a vû que coutoit ce somptueux festin.

L'ABBE'

Que je suis malheureux ! mais dis moi donc, Crispin!

En

En pareille occasion que faut-il que je fasse ?

CRISPIN.

Ne me demandés pas aucun conseil ; de grace !...
J'entends venir Monsieur; Madame est avec lui,
Elle seule sera votre plus ferme appui.
Vous n'avés qu'à rester; quant-à-moi je vous laisse
De peur que le Gascon ne fasse un tour d'adresse.

SCENE XI.

Mad. ORONTE, M. ORONTE.

Mad. ORONTE.

Vous ne répondés rien ? tout aumoins on prononce.....

M. ORONTE.

Je vous ai tant de fois fait la même réponse...

Mad. ORONTE.

Vous verrez comme ailleurs sur vous on jasera;
Car ce n'est pas à moi qu'alors l'on s'en prendra.

M. ORONTE.

Soit qu'on le taise enfin, ou soit que l'on en cause;
Eh bien, l'alternative est pour moi même chose.

Mad. ORONTE.

Mais qui vous fait aumoins défendre ce repas ?

M. ORONTE.

La meilleure raison, c'est que je n'en veux pas.

SCENE XII.

DE LA GARONNE, *les Acteurs précédents*, CRISPIN

Qui suit le Gascon en l'examinant toujours, comme s'il soupçonnoit qu'il eût pris quelque chose.

DE LA GARONNE.

MONSIEUR l'Abbé chez vous a semé l'épouvante,
Et dé voir cé proverbe on reste dans l'attente ?

M. ORONTE.

J'aurois gagé, ma foi, que vous étiez parti.

DE LA GARONNE.

Jé suis plus difficile à prendre mon parti.
Cépendant l'assemblée à partir sé dispose,
D'un départ aussi prompt on vous nomme la cause,
Et dé Madame seule on dit beaucoup dé bien.

Mad. ORONTE.

Déterminés vous donc : quoi! je n'obtiendrai rien?

M. ORONTE.

Je suis trop fatigué de ce qu'en ma presence,
Un tas de gens ici me gruge & vous encense.

DE LA GARONNE.

Et qui sont donc ces gens qui gruge votre bien ?

M. ORONTE.

Mais si vous le vouliez, vous devineriez bien....

DE LA GARONNE (*à Crispin qui l'examine toujours.*

Dépuis une heure aumoins, mon cher, tu mé régarde.

CRISPIN.

Vous vous trompez: à vous je ne prenois pas garde.
(à part.)
Je soupçonne beaucoup ce diable de Gascon;
Car je n'ai jamais pu retrouver mon jambon.

SCENE XIII.

L'ABBÉ, *& les acteurs précédents.*

DE LA GARONNE.

VOICI Monsieur l'Abbé qu'enfin jé vous annonce.

L'ABBÉ.

Monsieur je viens ici chercher votre réponse;
Voulez-vous du proverbe, ou n'en voulez-vous pas?

M. ORONTE.

Et vous, de mes refus n'êtes vous donc point las?

L'ABBÉ.

Pour nous faire venir on nous a fait instance:
De Madame à présent que voulez-vous qu'on pense?
En vous pressant si fort je défends son honneur.

DE LA GARONNE *(à M. Oronte.)*

Pour moi, votre bien seul, Monsieur, mé tient à cœur.

M. ORONTE.

Mon bien! ah! je le crois, Monsieur de la Garonne;
Mais on le peut manger sans vous: je vous étonne?
Ne pensés point pourtant à tâter d'aucun plat.

DE LA GARONNE *(à part en montrant qu'il a quelque chose sous son habit.)*

Oh! jé n'y pense pas... mais à bon chat bon rat.

Mad. ORONTE.

Consentés, je vous prie, au moins par complaisance. . . .

M. ORONTE.

Vous n'avancerez rien; toute votre éloquence
Ne viendra pas à bout de me faire changer;
Cessés donc, s'il vous plait, Madame, d'y songer.

Mad. ORONTE.

Que vous me montrez bien quelle étoit ma foiblésse
D'en croire aveuglément vôtre feinte tendresse,
Lorsque me préparant mon malheureux destin,
Vous me promettiez tout pour obtenir ma main!
L'homme peut-il ainsi tromper notre espérance,
Et les femmes avoir si peu de prévoyance
Pour se laisser si bien tomber dans ses filets!

M. ORONTE.

C'est vous qui nous tendez à tous des trébuchets;
Vous de qui la cervelle est pleine de caprices.

Mad. ORONTE.

Nous n'avons pas au moins le cœur plein d'artifices.

M. ORONTE.

Allons! courage! en noir faites notre portrait.

Mad. ORONTE.

Mais je ne dirai rien que ce que chacun sait.
Quand vous êtes amants, au pied de vos maitresses
Vous attisés l'amour par de fausses promesses;
Vous paroissez soumis, dociles, prevenants;
Vous leur promettés tout; vous faites maints serments
De plier à leurs gouts vôtre humble caractère;
Mais tenir sa promesse est toute une autre affaire,
Car êtes vous époux; des propos si flateurs

Sont bientôt remplacés par autant de noirceurs
Que cachoient les replis de votre ame jalouse.
L'un dont le cœur glacé fait gemir son épouse,
Qui n'est jamais galant qu'envers celles d'autrui,
Est prodigue au déhors, mais avare chez lui;
L'autre par son humeur & farouche & bizarre
Dans tout ce que l'on fait, trouve que l'on s'égare,
Et controlant surtout, ne goute de plaisir
Qu'a faire respecter son unique désir;
Celui-ci qui juroit une flamme éternelle,
N'est souvent qu'un perfide, un traitre, un infidele
Qui sans aimer sa femme en est pourtant jaloux....

M. ORONTE.

Que conclurre dela ?

Mad. ORONTE.

Que vous nous trompez tous,
Et que fille qui croit s'affranchir en ménage,
Ne fait que contracter un plus dur esclavage.

DE LA GARONNE.

C'est parler sensément; aussi nos sages loix
Auroient dû consentir qu'une femme à son choix
Pût changer de mari comme on fait dé chémise;
Elle en rencontréroit peut-être un à sa guise.

M. ORONTE, (*au Gascon.*)

Celle qui vous prendroit feroit un beau profit.

DE LA GARONNE.

Jé né la nourrirois jamais qué dé biscuit.

Mad. ORONTE, (*à son mari.*)

Pour la derniere fois je vous presse & vous prie.

M. ORONTE.

Après avoir si bien fait nôtre apologie!

Mad. ORONTE.

Permettés ce proverbe & ce repas chez-vous :
Si vous y consentez, je promets devant tous,
Que sans vôtre ordre exprès, & même en vôtre absence,
Je ne ferai jamais la plus foible dépense.
Voulez-vous renvoyer tant de monde invité ?
Ce seroit, en manquant à la civilité ;
Faire à chaque convive une sensible injure ;
Et je ne pourrois plus, après cette aventure,
Reparoitre en public sans voir de toutes parts
Tomber au moins sur moi plus de mille brocarts.

L' A B B E'.

Si Monsieur permettoit seulement le proverbe,
On pourroit se passer de ce repas superbe ;
Mais, sans aucun sujet, empêcher tous les deux,
C'est vouloir s'attirer des reproches honteux ;
D'ailleurs réflechissez que j'ai pris tant de peine
Pour prétendre aux lauriers qu'on ceüille sur la scene....

DE LA GARONNE, (*prenant la place de l'Abbé.*)
Vous n'allez point au fait, laissés moi lui parler.

L' A B B É.

Que faites-vous, Monsieur, vous allez tout gâter ?

DE LA GARONNE.

(*à l'Abbé.*) (*à M. Oronte.*)
Je le convaincrai mieux ; donqué je vous obserbe
Qué nous sommes ici pour un petit proverbe ;

(*Après avoir dit ces deux vers, il regarde l'Abbé pour savoir s'il est content de ce début, l'Abbé lui fait signe que oui, & fait ensuite la grimace lorsqu'il continue.*)

Qué chacun à souper est invité céans,
Et qu'il n'est attendu par aucun dé ses gens;
Si donc vous renvoyez toute la compagnie,
Où souperons nous tous, dites-moi, jé vous prie?
Chacun devant souper en ces lieux avec moi,
A défendu qu'on fît aucun souper chez soi;
Cé qu'il y trouveroit né vaut pas une obole.
Quant-à moi jé peux bien vous donner ma parole
Qué lé souper qui doit m'attendre en mon hotel,
Jé l'aime bien autant que dé mé battre en duel.

(*à l'Abbé.*)

Peut-on mieux lui parler, à moins dé sé morfondre?...

M. ORONTE.

Vous-avez tous parlé, je m'envais vous répondre.

DE LA GARONNE, (*à l'Abbé.*)

Voyés-déjà l'effet qué produit mon discours.

M. ORONTE.

Sans vouloir avec vous chercher de vains détours,
Je ne souffrirai pas ce souper dont j'enrage.....

DE LA GARONNE, (*en s'en allant.*)

Pour moi, jé n'en veux pas apprendre d'avantage.

Mde. ORONTE, (*le rappellant.*)

Attendés donc, Monsieur, au moins jusqu'à la fin!

DE LA GARONNE, (*à part en revenant.*)

La faim doit être un jour jé crois mon assassin.

M. ORONTE, (*continuant.*)

Et quant-à ce proverbe, il est bon de vous dire
Qu'il me déplait autant qu'il peut vous faire rire;
Que je n'en veux donc point: ainsi quand on voudra,
Chacun pour m'obliger d'ici délogera.

(*à sa femme.*)

Je m'apperçois assez que ce discours vous blesse,
Plû-tôt par vanité que par délicatesse,
Et qu'enfin vous craignez ce tas de fréluquets,
Ces Marquis, leurs broquarts, ces femmes, leurs caquets ;

(*à l'Abbé.*)

Que vous, Monsieur l'Abbé, parlés pour votre ouvrage,
Et croyés qu'a lui seul on doit un pur hommage.

(*au Gascon.*)

Vous, Monsieur le Gascon, que vous mourez de faim,
Et qu'ici vous prêchez, chacun pour vôtre saint.

DE LA GARONNE.

Dépuis trois jours au moins, par excès condamnable,
Jé né suis pas sorti, je vous jure, dé table ;
Vous jugez bien qu'après un aussi long répas,
Jé vous régarderai, mais né mangerai pas.

CRISPIN.

Oui, Monsieur a raison, le fait est vraisemblable
Qu'il ne soit pas sorti dépuis trois jours de table.
Quand on ne s'y met pas, on n'en peut pas sortir.

Mad. ORONTE (*à Crispin.*)

Taïsez-vous insolent.

DE LA GARONNE.

Laissés lé divertir.
Tous ces petits propos m'amusent, quand j'y pense;
Et je veux à présent par une récompense...
(*mettant la main à son gousset*) (*la retirant.*)
Payer de ses bons mots........ sandis une autrefois!

CRISPIN, (*qui avoit tendu la main.*)

* Oui l'argent d'un Gascon me bruleroit les doigts.

DE LA GARONNE.

(*à Crispin en lui frapant l'épaule.*)

Démieux en mieux, mon cher... ah cà ! jé mé rétire,
Puis qu'on né permet pas qu'ici nous puissions rire.

(*en saluant de la main, il laisse tomber de dessous son bras un jambon.*) (*il continue d'un air d'étonnement en portant la main au front.*)

Sans adieu, serviteur..... Où donc est mon cerveau?
J'ai, prénant cé jambon, crû prendre mon chapeau.

(*Il prend le chapeau que Crispin a sous son bras.*)

CRISPIN, (*ramassant le jambon.*)

Quand vous êtes entré dedans cette demeure,

(*reprenant son chapeau.*)

Si vous en aviez un, que sur le champ je meure !
Mais je le crois encor chez votre chapelier.

L'ABBE', (*d'un ton de railleur.*)

Il faut qu'il soit pendu dans sa salle à manger.

DE LA GARONNE (*d'un ton souvenir.*)

Justément.

CRISPIN, (*croyant que c'est du Gascon dont parle l'Abbé.*)

Justement : parceque la justice
Où se commet le crime, ordonne le supplice.

(*au Gascon.*)

Quand un Gascon prétend finement m'attraper,

---

* Pendant tous ces vers, Monsieur Oronte est sur un des côtés du théâtre ou il rêve & gemit de ce que le Gascon ne s'en va point.

Il doit au moins, Monſieur, plus longtems y réver;
Je me doutois du tour, rien qu'a votre figure;
Ainſi fin contre fin ne vaut rien pour doublúre.

DE LA GARONNE.

Il eſt toujours plaiſant.... au revoir, ſerviteur,
Jé m'en vais raconter cé trait ſur mon honneur.

(à Criſpin.)

Et toi dans quelques jours, pour té payer tes peines,
Jé prétends té donner quelqués bonnes étrennes.

(Il s'en va juſqu'au milieu du théatre & revient.)

CRISPIN, *(emportant le jambon ſur ſes épaules.)*

Si celles qu'il reçoit ſont mon revenan-bon,
J'aurai ſouvent le dos frotté d'un bon baton.

SCENE XIV.

DE LA GARONNE, Mad. ORONTE, M. ORONTE ET L'ABBE'.

DE LA GARONNE, *(étant revenu ſur ſes pas, ſe met entre la femme & l'Abbé & leur dit.)*

Mais avant dé partir ſans vouloir dé ſalaire,
Jé prétends vous donner un conſeil ſalutaire,
Puiſqu'à lé ſavonner, on perd tout ſon ſavon,
Aſſommés-le; peut-être il entendra raiſon;
Pour moi, tant qu'il vivra, ſoyés en aſſurance
Qué vous ſerez ici privés de ma préſence;
Cépendant ſi la mort l'enléve un dé ces jours,
Aux heures des repas, vous me verrés toujours.

(à part.)

Puisqué jé né peux pas faire ici bonne chére,
(en soupirant.)
Je vais souper encor comme à mon ordinaire.
Il crie, Garçon! un verre d'eau!
(Un laquais de la maison lui apporte un verre d'eau qu'il boit & il s'en va.)

SCENE XV.

M. ORONTE, Mad. ORONTE ET L'ABBÉ.

M. ORONTE, *(Regardant M. de la Garonne partir)*

QU'IL est long à partir!

Mad. ORONTE.

Il n'est aucun moyen de pouvoir vous polir;
Vous voyez que d'ici vous chassez tout le monde.

L'ABBE'.

Nous sommes bien vengés si votre mari gronde.
Ce Gascon en sortant, m'a fait appercevoir
Que le proverbe ici s'étoit joué ce soir.

M. ORONTE.

Malgré moi vous avez employé tant d'audace.....

L'ABBE'.

Malgré vous? point du tout. A cette même place.
(en riant.)
C'est vous même, Monsieur, dans ce même moment
Qui venés de jouer ce divertissement.
J'écoutois le Gascon, d'abord sans le comprendre,
Mais en réflechissant, j'ai crû très bien l'entendre,
Lorsqu'avant de partir, il m'a dit, sans façon,

Qu'à vous laver la tête on perdoit son savon.
Ainsi vous étiez donc le héros de la piece.

M. ORONTE, (*en s'emportant.*)

Quoi donc, ici de moi l'on se rira sans cesse !
On ne verra jamais chez moi de beaux esprits......

L'ABBE'.

Mais l'on verra, Monsieur, ce trait dans mes écrits.

M. ORONTE, (*en s'emportant davantage.*)

Tout comme il vous plaira : mais morbleu, patience !
Je saurai bien punir cet excès d'insolence :
Oui, que je sois pendu, si dans cette maison,
Il y rentre jamais d'Abbé ni de Gascon.
Et puissai-je les voir aller un jour au diable !

SCENE DERNIERE.

L'ABBE', ET Mad. ORONTE.

L'ABBE'.

Cet excès de fureur le rend abominable ;
S'il en interdisoit l'entrée à tout Gascon,
Il auroit retrouvé le sens & la raison ;
Mais vouloir aux Abbés la rendre inaccessible,
C'est prouver encor mieux qu'il est incorrigible.

Mad. ORONTE.

Son affreux caractère est une preuve aussi
Qu'il faut bien y penser quand on prend un mari ;
Qu'un époux si bourru très souvent est la cause
De la conduite aveugle où sa femme s'expose ;
Qu'un mari libéral, point jaloux, complaisant,
Partout, ainsi qu'en France, est un époux charmant,
Et que sans contredit, femme qui s'en empare
A des Cieux aujourd'hui le présent le plus rare.

FIN.

www.ingramcontent.com/pod-product-compliance
Ingram Content Group UK Ltd.
Pitfield, Milton Keynes, MK11 3LW, UK
UKHW020951220726
13924UKWH00002B/629

9 782019 226657